VENTE PAR SUITE DE DÉCÈS

HOTEL DROUOT, SALLE N° 1

Les Vendredi 16 et Samedi 17 Avril 1875

3 GRANDS PANNEAUX

ET UN PLAFOND

(Allégorie des Saisons)

PAR

J.-F. MILLET

TABLEAUX

Par Corot, Courbet, Diaz, Troyon

OBJETS DE CURIOSITÉ ET D'AMEUBLEMENT

Très-beau Meuble de salon en bois doré, époque Louis XVI

TENTURES, BEAUX TAPIS

EXPOSITIONS

PARTICULIÈRE	PUBLIQUE
Le Mercredi 14 Avril 1875	Le Jeudi 15 Avril 1875

DE UNE HEURE A CINQ HEURES

COMMISSAIRES-PRISEURS :

Mᵉ DELAHAYE | Mᵉ ESCRIBE

EXPERTS :

M. HARO ✳ | MM. DHIOS et GEORGE

PARIS — 1875

Vᵉ RENOU, MAULDE et COCK

IMPRIMEURS DE LA COMPAGNIE DES COMMISSAIRES-PRISEURS

Rue de Rivoli, 144.

CATALOGUE

DE

3 GRANDS PANNEAUX

ET UN PLAFOND

PEINTS

Par J.-F. MILLET

TABLEAUX

Par Corot, Courbet, Diaz, Troyon

OBJETS DE CURIOSITÉ ET D'AMEUBLEMENT

Très-beau Meuble de salon en bois doré, époque Louis XVI

TENTURES, BEAUX TAPIS

Dont la vente aura lieu

PAR SUITE DE DÉCÈS

HOTEL DROUOT, SALLE N° 1

Les Vendredi 16 et Samedi 17 Avril 1875

PAR LE MINISTÈRE DE

M⁰ DELAHAYE, Commissaire-Priseur, rue de la Victoire, 43,

Et de **M⁰ ESCRIBE**, son Confrère, rue de Hanovre, 6,

ASSISTÉS DE

M. HARO, ✠, Peintre-Expert, rue Visconti, 14, et rue Bonaparte, 20,

Et de **MM. DHIOS** et **GEORGE**, Experts, rue Le Peletier, 33,

CHEZ LESQUELS SE DISTRIBUE LE CATALOGUE.

PARIS — 1875

CONDITIONS DE LA VENTE

Elle aura lieu expressément au comptant.

Les Acquéreurs paieront, en sus des adjudications, CINQ POUR CENT, applicables aux frais.

ORDRE DES VACATIONS

Le Vendredi 16 Avril, à 3 heures 1/2 : les Tableaux.

Le Samedi 17 Avril, à 2 heures : les Objets de curiosité et d'ameublement.

NOTA. — Les Meubles courants seront vendus le Mardi 20 Avril en la Salle n° 6.

On serait tenté de considérer cette vente comme peu importante si l'on ne comptait que le nombre des tableaux ; mais les œuvres de Corot, de Troyon, de Diaz, de Courbet, intéressent toujours avec raison le public.

Millet est représenté par quatre grands tableaux formant une décoration exceptionnelle ; travail que nous croyons unique dans son œuvre, car cet artiste s'est toujours restreint à des toiles de dimensions plus petites.

Les quatre Saisons dont un grand plafond forment un ensemble décoratif d'une importance et d'un choix difficiles à rencontrer ailleurs.

L'Amour transi, *Daphnis et Chloé*, *Cérès* et ce plafond qui semble résumer tous les produits de la terre destinés à la table sont autant de sujets différents ; mais, ainsi que l'a dit un poëte : Comment tout décrire et tout raconter... Ces bergers grandeur nature, ces vêtements rustiques, ces têtes brunes et blondes, ces paysages aux horizons infinis, les gracieuses simplicités de la campagne, ses murmures; tout cela est rendu avec le charme particulier et bizarre qui est un des principaux caractères du talent de Millet : Ce peintre, un des plus puissants novateurs de notre époque, a su ajouter à chaque expression *sa propre rêverie*, il s'est peint pour ainsi dire lui-même dans chaque chose avec une volonté et une robustesse qui émeuvent et impression-nent. Millet est un penseur qui a tout pris en lui, ayant vécu seul avec la nature.

HARO.

TABLEAUX

COROT

1.250.

1 — Le Coup d'épervier (Effet du matin).

Merveilleux petit paysage baigné d'harmonies argentées

Signé à droite.

Bois. — H. 57 c. L. 45 c.

COURBET

7. 300.

2 — L'Ouragan.

Ce grand paysage est peint avec une sorte d'emportement passionné et une telle fougue dans la touche que cela en fait une œuvre à part : l'orage, la pluie, la tempête sont rendus avec un profond sentiment dramatique, c'est d'une vérité étrange et peint avec ampleur et puissance.

Signé.

Toile. — H. 1 m. 43 c. L. 2 m. 28 c.

DIAZ

600.

3 — Fleurs.

Signé à gauche.

Toile. — H. 45 c. L. 0 c.

MILLET (J.-F.)

4 — Daphnis et Chloé (Idylle, le *Printemps*).
Forme cintrée du haut.

Toile. — H. 2 m. 60 c. L. 1 m. 34 c.

MILLET (J.-F.)

5 — Cérès.

Cérès, déesse des blés et des moissons, enseigne l'agriculture
aux hommes.

Signé à droite, J.-F. Millet.

Forme cintrée du haut.

Toile. — H. 2 m. 60 c. L. 1 m. 34 c.

MILLET (J.-F.)

6 — L'Amour transi.

« J'étois couché mollement,
Et, contre mon ordinaire,
Je dormois tranquillement,
Quand un enfant s'en vint faire
A ma porte quelque bruit,
Il pleuvoit fort cette nuit :
Le vent, le froid et l'orage,
Contre l'enfant faisoient rage.
Ouvrez, dit-il, je suis nu,
Moi, charitable et bon homme,
J'ouvre au pauvre morfondu,
Et m'enquiers comme il se nomme,
Je te le dirai tantôt,
Repartit-il : car il faut
Qu'auparavant je m'essuie !
. . . . »

(*Imitation d'Anacréon, œuvres de La Fontaine*).

Signé, J.-F. Millet.

Forme cintrée du haut.

Toile. — H. 2 m. 05 c. L. 1 m. 12 c.

MILLET (J.-F.)

7 — Plafond décoratif.

Les Amours et les Génies transportent tous les produits de la terre destinés à la table.

Forme octogone, avec entourage d'une perspective avec balcons à balustres.

Signé, J.-F. Millet.

H. 4 m. 85 c. L. 3 m. 72 c.

PENNE (Charles de)

8 — Rendez-vous de chasse.

Aquarelle.

H. 30 c. L. 38 c.

TROYON

9 — Plage de Villerville.

(Vente Troyon).

Toile. — H. 65 c. L. 81 c.

MEUBLES

10 — **TRÈS-BEAU MEUBLE DE SALON** en bois ancien sculpté et doré, composé de deux canapés et dix fauteuils, recouverts en tapisserie moderne d'Aubusson, à médaillons d'enfants et attributs des beaux-arts, avec encadrements de guirlandes de fleurs et de draperies sur fond blanc et vert tendre.

Les bois de ce meuble, finement sculptés et d'un modèle très-élégant. sont du temps de Louis XVI et proviennent du château de Maisons.

11 — **UN FAUTEUIL** Louis XV en bois doré, couvert en même tapisserie.

12 — **CINQ BONNES-GRACES** en tapisserie moderne d'Aubusson, à médaillons, rinceaux et bouquets de fleurs sur fond blanc et vert tendre, doublées en soie.

13 — Cinq paires de rideaux en satin cerise, doublés en soie blanche.

14 — Quatre Rideaux-portières en tapisserie moderne d'Aubusson, dessins à rinceaux et bouquets de fleurs, doublés en soie verte.

15 — **CAUSEUSE LOUIS XV** en bois sculpté et doré, couverte en belle étoffe de satin broché à fleurs.

16 — **CAUSEUSE** garnie en même étoffe, capitonnée,

17 — Huit Chaises de fantaisie en bois doré, couvertes en satin broché, capitonné.

18 — Six autres Chaises de fantaisie en bois doré, couvertes en soie et satin à dessins de fleurs.

19 — Tabouret en bois doré, couvert en satin bleu brodé.

20 — Autre Tabouret carré en bois doré, style Louis XVI, couvert en satin brodé de fleurs.

21 — Autre Tabouret du même genre.

22 — **DEUX JOLIES TABLES** à quatre faces en bois sculpté et doré; gracieuse ornementation de style Louis XVI à guirlandes de fleurs, pieds cannelés, et entre-jambes en X. Le dessus est couvert d'une feuille en tapisserie moderne d'Aubusson.

23 — **DEUX BELLES CONSOLES** en bois sculpté et doré, de style Louis XVI; modèle à guirlandes de lauriers, tiges de roses, draperies et pieds cannelés, avec entre-jambes supportant un vase. Dessus en marbre blanc.

24 — **DEUX AUTRES CONSOLES** de même modèle, un peu plus petites.

25 — **DEUX CONSOLES LOUIS XVI** en bois doré, à dessus de marbre blanc.

26 — **ÉCRAN** en bois sculpté et doré, de style Louis XVI, avec feuille mobile, de forme ovale, ornée au centre d'un blason, exécuté en tapisserie à la main, soies et perles de couleurs variées.

27 — **ÉCRAN** en bois doré style Louis XVI, feuille en tapisserie d'Aubusson.

28 — **DEUX GRANDES CONSOLES ÉTA-GÈRES** de style Louis XIV, en bois noir sculpté, ornées de bronzes dorés et à dessus de marbre.

29 — **DEUX AUTRES CONSOLES** du même genre, plus petites.

30 — **SEIZE CHAISES** de salle à manger et deux Fauteuils en bois noir sculpté, couvertes en reps rouge.

31 — **HUIT CHAISES** de salle à manger en bois noir avec ornements en bronze doré, couvertes en velours rouge.

32 — Six grands Rideaux avec lambrequins en velours rouge, doublés en soie blanche.

33 — Pendule et son socle-support en marqueterie de cuivre et d'écaille, garnie de bronzes dorés.

34 — **LUSTRE LAMPADAIRE** formé par une potiche en ancienne porcelaine du Japon; monture en bronze à 30 lumières.

35 — Une paire de Feux à vases, style Louis XVI, en bronze.

36 — Petit Guéridon en marqueterie de bois rose et thuya, ornements en bronze.

37 — Petite Table carrée à tiroir, style Louis XV, en bois rose, ornée de bronzes.

38 — **DEUX TORCHÈRES** : figures de nègres en bois peint et doré.

39 — **DEUX TABLES** rondes de style chinois en bois sculpté et doré, avec tablettes en marbre.

40 — Petit Guéridon en bois noir, de style chinois, dessus en marbre.

41 — Deux petites Tables en bambou, dessus en laque.

42 — **ARMOIRE** en forme de gaîne, ouvrant à un vantail, en bois de chêne sculpté, style Louis XVI.

43 — Table en bois de noyer, à quatre pieds tors évidés.

44 — Deux Tables de jeu en bois noir, à filets de cuivre.

45 — **GRANDS ET BEAUX TAPIS** de salon, chambres à coucher et salle à manger, en moquette, à dessins genre Smyrne.

PORCELAINES ET FAIENCES

46 — **GRANDE ET BELLE POTICHE** en ancienne porcelaine du Japon; riche décor d'animaux chimériques, fleurs et branchages en bleu, rouge et or. Cette pièce est placée sur un socle-trépied en bois sculpté et doré,

47 — DEUX POTICHES en ancienne porcelaine du Japon.

48 — DEUX CORNETS en ancienne porcelaine du Japon, montés en bronze doré.

49 — Deux Plats en vieux Japon, bleu, rouge et or.

50 — Deux autres, plus petits.

51 — GARNITURE DE CHEMINÉE en bronze doré et porcelaine décorée. La pendule a la forme d'un vase surmonté d'un cadran tournant; elle est placée sur un socle orné d'une grande plaque en porcelaine décorée : *Pastorale*. De chaque côté, des Amours musiciens en bronze doré. Les candélabres sont entourés, à la base, d'Amours dansant et surmontés de bouquets à six lumières.

52 — DEUX VASES en porcelaine tendre, décorée de médaillons d'Amours, fond gros bleu à rehauts d'or. Socles en bronze doré.

53 — VASE en porcelaine décorée d'un médaillon représentant une Pastorale dans le goût de Boucher; fond gros bleu, monture en bronze doré, avec bouquet à sept lumières.

54 — GROUPE d'enfants en ancienne porcelaine de Vienne. La peinture et la sculpture.

55 — GROUPE : Apollon et Marsias. Ancienne porcelaine de Louisbourg.

56 — VASE en porcelaine de Saxe, orné de fleurs en relief; au pied du vase est un chien en arrêt. Monture en bronze doré.

57 — **DEUX FIGURINES** : Mercure et la Renommée.

58 — **QUATRE FIGURINES** en Saxe.

59 — Deux Bougeoirs en porcelaine de Saxe et bronze.

60 — Tasse trembleuse en vieux Saxe, décor à fleurs.

61 — Plateau triangulaire avec bordure à jour, décor à fleurs.

62 — Buste de petite Fille en porcelaine de Saxe,

63 — Deux Oiseaux en Saxe.

64 — **GROUPE** : L'Amour maître d'école.

65 — Corbeille ovale en porcelaine de Berlin, bordure à jour.

66 — Deux Oiseaux en porcelaine de Berlin.

67 — Bourdaloue en vieux Japon.

68 — Petit Vase en céladon bleu.

69 — Deux petites Chopes en porcelaine de Chine.

70 — Deux Figurines de femmes en porcelaine du Japon; décor bleu, rouge et or.

71 — Deux Figurines d'enfants en porcelaine de Chine émaillée.

72 — Deux Femmes chinoises portant des vases.

73 — Figurine de danseur.

74 — Vase en porcelaine de Chine, fond rouge et médaillons à personnages et cygognes.

75 — Coupe en trois lobes, en porcelaine émaillée en couleurs sur fond vert; socle en bois.

76 — Bouteille en faïence émaillée dans le goût persan.

77 — Cornet en porcelaine de Chine moderne, forme balustre.

78 — Deux Jardinières et leurs plateaux en porcelaine moderne du Japon.

79 — Une Jardinière, décor bleu.

80 — Deux autres Jardinières de forme octogone, décor bleu.

81 — **DEUX ANIMAUX CHIMÉRIQUES** en terre émaillée.

82 — **DEUX VASES** à couvercles, en faïence de Castelli; décor à paysage et figures.

83 — **COUPE** à piédouche, faïence de Pesaro; décor à fleurs et branchages.

84 — **DEUX VASES** en faïence italienne, décorés de paysages et figures.

85 — Jardinière ovale en faïence; décor à fleurs et oiseaux.

86 — Sous ce numéro, divers Objets de vitrine en Saxe, etc., etc.

OBJETS DIVERS

87 — L'Éducation de la Vierge, peinture de l'École italienne, dans un cadre de style Louis XIII, en cuivre.

88 — Saint Charles Borromée, peinture sur cuivre (Ecole italienne).

89 — Petit Christ sur croix en malachite.

90 — Moïse ; plaque en émail, par Laudin.

91 — Deux Rafraîchissoirs en tôle aventurinée et décorée de médaillons : Paysages et animaux.

92 — Groupe de deux Figurines en jade sculpté, sur socle en bois à jour.

93 — Écran chinois à plaque en ivoire sculpté : Paysage et figures ; monture en bois de fer.

94 — Bassin en cuivre, support à quatre pieds en laque du Japon.

95 — Grand Verre de Bohême gravé.

96 — Verre à pied de Bohême gravé.

97 — Chope en verre de Bohême émaillé.

MOBILIER COURANT

Vente le Mardi 20 Avril 1875, Salle n° 6

DÉSIGNATION

PLAQUÉ : Plats, Réchauds, Bouilloires à thé, Plateaux, Cafetières, Chocolatières, etc.

PORCELAINES, Faïences de Menton, Cristaux.

OBJETS D'ÉTAGÈRE et de fantaisie.

BRONZES : Garnitures de foyers de divers styles, Candélabres, Flambeaux, Lampes Carcel.

MEUBLES : Buffet-Étagère, Tables à manger, Consoles, Armoire, Escabeaux, Bureau, Guéridons, en chêne sculpté, palissandre et acajou.

Chaises-Fumeuses et de fantaisie, Poufs couverts en tapisserie à la main et satin broché.

Banquettes couvertes en velours rouge.

TAPIS en moquette.

RIDEAUX en velours et reps vert.

Vᵛᵉ Renou, Maulde et Cock, imprˢ de la Compagnie des Commissaires-Priseurs, rue de Rivoli, 144.   52662